KB253928

창비시선 136

김명수 시집

바다의 눈

창작과비평사

1995

차   례

제 1 부   어제의 바람은 그치고

제 2 부   발 자 국

제 3 부 야 방 고

제 1 부

어제의 바람은 그치고

지 하 수

어떤 비는
하늘에서 쏟아져 황토물로 흘러가고
어떤 비는
땅에 고여 호수가 되고

당신의 함성은 어디로 갔나 ——

긴 가뭄 풀씨 하나
싹도 못 틔우고
땅 깊이 스며서 무엇이 되나
바위 아래 스며서 무엇이 되나

꽃 필 때 잎이

가지에 우듬지에 새봄 되어
물오르던 소나무에
송화 피어 노란 송홧가루
흩날리네
새순 새 가지 파란 솔잎도
꽃 필 때 빛을 잃네
산천에 들꽃도 다투어 피고
송화는 바람에 흩날리지만
꽃 진 자리
새로 피는 잎도 있어라

보석에게

이 찬란한 홍옥을 보면
이 현란한 마노를 보면
보석이여,
지열 들끓던 용융 뒤에 응축된 땅의 정기
결정체여

한 빛이 수천 갈래 빛을 굴절하고
또한 그 빛이 인간의 눈을 사로잡는
파랗고 빨갛고
혹은 자줏빛 나는 보석이여
금강석, 녹주석이여

너를 보면
찬란한 너를 보면
너, 캄캄한 땅속
한 줄기 갇힌 빛 아직 암흑이었을 적
너를 에워쌌던 푸석돌

그 보잘것없이 버려지는
돌부스러기가 보인다

세상에서
너는
햇빛 아래 비로소 원석에서 정련되어
보석이라는 이름을 얻고
인간들 너를 보며
찬탄하건만

너는 이제 그 땅속 캄캄한 암흑 잊고
너를 캐던 곡괭이질
너를 정련해낸 투박한 인간의 손매듭도 잊고
너 찬란한 외로움이 된 보석이여
너 찬란한 광채가 된 보석이여

너는 반짝일 때

아무도 너를 둘러쌌던
그 돌부스러기를
이제 기억조차 하지 않는다

대   답

말이 빛나는 때가 있었다
갈라 터진 대지에
힘차게 쏟아지던 소낙비처럼
말이 빛나는 시간이 있었다
그 말, 메마른 대지를 힘차게 적셔
들풀들을 우쭐우쭐 키우던 그때가
그러나 금풍이 불고
그 대지의 작은 풀꽃도
이윽고 열매를 맺었거늘
말은 저 혼자의 침묵으로
저 고요한 바람에
제 가슴을 잠재우나니
이 가을 고요한 대지여
말이 빛나는 시절이 있었다

어제의 바람은 그치고

어제의 바람은 그치고
오늘의 바람이 불고 있다

어제의 바람은 꽃잎을 지게 하고
오늘의 바람은 나뭇잎을 흔든다

비바람 속에 흔들리는 나무여
비바람 속에 휩쓸리는 초목이여

우리의 오늘도
우리의 역사도 무엇이 다르랴

풍우 속에 나무는 상처를 지니고
설한 속에 나무는 무늬를 키우나니

우리의 삶도, 우리의 역사도
비바람 없이 어찌 내일을 맞으리

상처를 안은 나무여
바람 속에 나이테를 지니는 나무여

어제의 바람은 그치고
오늘의 바람이 불고 있다

어제의 바람은 꽃잎을 지게 하고
오늘의 바람은 나뭇잎을 흔든다

백   로

디디렴
백로여
강가에 홀로 선
외다리 새여
거둬 올린 나머지
그 다리마저
강가의 뻘밭에
내려놓으렴
중천에 붉은 해는 떠올랐는데
망설여 오늘도
그림자 되는
강가에 홀로 선
몸이 흰 새여
불타는 하늘에 제 몸을 던진
불사조의 이름도 너는 알거늘
디디렴
백로여

희디흰 새여
거둬 올린 나머지
그 다리마저
강가의 뻘밭에
내려놓으렴

우리는 절벽을 땅이라고 한차례
불러본 적 있었던가

땅끝에 와서 섰다

발밑으로 사나운 파도가 몰아오고
경계는 낭떠러지
깎아지른 절벽이다

여기서 생각한다

저 파도 거센 파도
묵묵히 가로막는
우리가 저 절벽을
땅이라고 한차례 불러본 적 있었던가

깎아지른 해안 절벽
아스라한 낭떠러지
여기 한 무더기 붉은 꽃도 피웠구나

절벽은 오늘도
파도와 마주 선다

우리가 발 디딘
땅덩어리 뒤에 지고

돌아보면 땅끝으로 노을이 인다
우리가 저 절벽을
땅이라고 한차례 불러본 적 있었던가

오늘 아침 방파제 보인다

파도 그쳤다

미친 바다 멍석말이

비바람 그쳤다

쏴아, 처얼썩

방파제 타고 넘던

물보라 허연 파도, 미친 파도 산더미 파도

갈매기 보인다

갈매기도 숨어버렸던

캄캄한 밤 노한 파도

방파제 보이지 않았다

등대마저 캄캄했다

방파제 둑 너머 내항 포구

작은 배들 돛 접고 닻 내리고 웅크리고 있었다

그러나 오늘 아침 방파제 보인다

바다 이제 잔파도만 일렁인다

태풍 몰아친 뒤

먼 수평선에 가슴 잇대고

어제의 폭풍우와

홀로 맞서던,

방파제 한 줄기

우뚝 남아 고적하다

갈매기 그 위로 난다

오늘 아침 방파제 보인다

내일의 폭풍우는

다시 치리라

내일의 폭풍우와 다시 또 맞설

방파제 한 줄기

우뚝 남아 고적하다

부   언

맹금류인 독수리에게
날카로운 발톱과 부리가 있다면
가금류인 한 마리의 비둘기에게도
콩알을 쪼아 먹을 부리야 있고

소나무숲을 뒤덮는 아카시아에게
음험하고 억센 가시와 뿌리가 있다면
이 땅의 산야에 저절로 돋은
영변 약산 진달래도
실뿌리가 있다

찌르레기 박새 지빠귀들아
사나운 독수리 공중을 돈다
비둘기는 어떻게 몸을 지키나
오리나무 참나무 굴참나무들아

산천에 아카시아 뿌리 뻗는다

진달래는 어떻게 뿌리 지키나
참꽃은 어떻게 꽃을 피우나

어디서 당신을 보았던가

―超 高銀선생 화갑에 부쳐

어디서 당신을 보았던가

돌이켜보면 먼 날이어라

다가와서 오늘이어라

거친 싸움터

그 함성 속이던가

자유와 민주를 위한 큰 싸움터, 그 아우성 속이었던
가

최루가스 얼룩진 큰길에서였던가

탄압과 연금 속에 그대를 보았던가

캄캄한 독방감옥 오랏줄에 묶여

그 암흑, 그 감옥 속 수갑에 채여

그 속에서 보았던가, 그 감옥 속에서 보았던가

'마른 몸 불타오르는'

수백 번의 강연에서

벗들과의 열띤 토론 그 틈에서였던가

아니면 안성 백리 개 짖는 소리

그 달밤 고요한 정적 속에서 보았던가

한 권, 한 권, 그 한 권
민중 민주 반외세 앞당기는
백 권의 그 저서
그 낱장 낱장 활자에서 당신을 보았던가
물 한 모금 거부하는
그 단식 힘찬 싸움
어디서 당신을, 어디서 당신을 보았던가
참다운 민족문학 건설을 위해
벗들과 함께 가는 그 선두에서 보았던가

그러나 우리는 보고 또 보네
그 어제만이 아니라
오늘도 보네
당신은 오늘도 앞장서 가네
아득한 저 산, 저 험한 산 뛰어넘어
신들메끈 고쳐 매고 앞장서 가네
60청춘 스무살 은발 휘날리며

당신은 오늘도 우리에게 손짓하네
비바람 눈비 헤쳐 함께 가자 하네
큰 파도 폭풍 헤쳐 함께 가자 하네
마침내 다가올 통일 그날까지
마침내 찾아올 해방 그날까지

제 2 부

발 자 국

발 자 국

바닷가 고요한 백사장 위에

발자국 흔적 하나 남아 있었네

파도가 밀려와 그걸 지우네

발자국 흔적 어디로 갔나?

바다가 아늑히 품어주었네

박 새 들

길가 덤불 속에
모여 옹크린 작은 박새들
덤불은 이미 메말랐고
겨울은 시작되었다
새들은 바스락 소리를 내며
옆자리로 옮겨 앉지만
덤불을 뚫고 날려고조차 하지 않는다
저 새들이 가르친다
너에게도 곤궁한 세월이 있었다고
흰 줄이 있는
때절은 잿빛 남루한 작은 날개들이
말라버린 풀줄기에 어른거린다
황록색 등줄기가 지는 해에 반짝인다

이   별

바다였는지 큰 호수였는지 기억나지 않는다
삭풍의 도움받아 가는 배가 있었다

작은 공간

모록이 피어 있는 보랏빛 엉겅퀴에
꿀벌 한 마리 파고들었네
손끝으로 건드려도
엉겅퀴꽃 속 꿀벌 나오려 하지 않네
시켜서 이루어질 리 없는 전일한 합일이여
하얀 망초꽃도 그 곁에 피어 있어
초여름 햇살조차 내려앉으니
나 또한 끼여들 작은 공간이여
나 있어 이 산야에 흠이 없다면
꽃과 벌 사이의 아늑한 길에
오래도록 발 멈춰 나도 서 있네

묘지 옆으로 나는 길

봄날 황사바람은 불고

묘지 옆으로 길이 뚫린다

묘지지기 노부부의 움막집이 헐린다

새들도 날아가버렸다

흙먼지가 뿌우옇게 날린다

이곳은 가을 하늘이 좋은 곳이었다

이제 이 길에서 바라보던

들국화도 볼 수 없으리라

나는 자주 이곳에서 내 생명의 시간과 함께

묘지에 심어진

상록 향나무 속에 깃든 그 어떤 시간을 떠올리곤 했
다

올봄에도

묘지 건너편에 진달래는 피어 있다

바다의 눈

바다는 육지의 먼 산을 보지 않네
바다는 산 위의 흰 구름을 보지 않네
바다는 바다는, 바닷가 마을
10여 호 남짓한 포구 마을에
어린아이 등에 업은 젊은 아낙이
가을 햇살 아래 그물 기우고
그 마을 언덕바지 새 무덤 하나
들국화 피어 있는 그 무덤 보네

의림 국민학교

내 어린 동무 가람이와 영준이에게

내가 다니지는 않았지만
내 밑으로 아우와 누이들 셋이 나란히 다닌
의림 국민학교는
충청북도 제천읍 의림동에 있었다

학교 뒷편으로 모산벌 넓은 논이 펼쳐져 있었고
봄부터 가을까지
학교 안 예쁜 화단에 빨갛고 노란 꽃들이 환하게 피
어
소년 시절 나는 그곳에서
금잔화, 맨드라미, 봉선화, 분꽃, 채송화의 이름을
익혔다

시월달 운동회가 끝나면
노란 국화꽃 향기가 만발하던 운동장
의림동, 신월리, 청전리, 하소리 아이들이
줄지어 나란히 사이좋게 다니던 그 학교

땡, 땡, 하학종이 울리면
코스모스 핀 들길을 따라
까까머리 아이들이 형제처럼 책가방을 걸쳐 메고
찐 고구마, 찐 옥수수가 기다리던 집으로 사이좋게
돌아갔다

내가 다니지는 않았지만
내 밑으로 아우와 누이들 셋이
나란히 다닌 의림 국민학교
경상도 안동에서 제천으로 이사를 와
중학교 1학년 소년이던 내가
내 누이 아우들과 함께 가서 놀던 그 학교 운동장

그때 끝날 종이 울리면 코스모스 핀 들길 따라
찐 고구마, 찐 옥수수가 기다리던 집으로
사이좋게 어깨동무하고 형제처럼 돌아가던
아이들은 있었지만

오늘처럼 서둘러 피곤한 얼굴로
속셈학원으로 미술학원으로 혹은 피아노학원으로
컴퓨터학원으로 헐레벌떡
달려가던 아이들은 없었다

새   잎

얼어붙은 산야에 봄비 내려
진달래 연둣빛 새잎 돋는다
죄지은 가슴에 눈물 어리네

자 전 거

열세살, 까까머리
중학교 1학년 때
자전거 타기를 처음 배웠다
읍내에서 십여리 떨어진 '청전' 마을에
내 동무가 살았다
토요일 오후면 나는
자전거를 빌려 타고
그 동무를 찾아갔다
오월 신작로 양편 논에
모가 파랬고
바람을 받고 달리는 내 가슴으로
길가의 미루나무가 우쭐우쭐 다가섰다
자전거 페달에
키 작은 내 발이 닿지 않아
그게 한 바퀴 돌아오면
다시 밟았다

산중턱에 올라와서
차들이 세차게 달리는 산업도로를
내려다본다
문득 옛 생각이 깊어진다

엄나무 생각

이주단지 마을,
칠십 노인들이 가서 쉬는
아카시아나무 언덕을 지나면
산재병원 뒷산 초입
산성비에 지친 모습으로 소나무들이
새카만 솔방울을 달고 서 있고
그 뒤에 또 거대한 고압선 철탑이 서 있는데
나는 고압전선이 무서워
머리털이 주뼛주뼛 솟구치면서도
그 철탑 밑을 지나다닌다
다닐 곳이 그래도 그곳뿐이다

산꼭대기라야 그리 높지 않은 산꼭대기
바로 그 산꼭대기 가까운 골짜기에서
싱싱한 엄나무 한 그루를 보았다
썩어가는 오리목 사이에서
가시를 가지런히 잔뜩 달고

잎사귀가 무성했다
나는 눈이 번쩍 띄었다
모든 초목들이 시드는 공단 인근 야산에
엄나무 둥치가 힘센 장정의 장딴지만 했다

힘든 세상을 버티며 살아가는
어느 한 남자의 모습과도 같은
엄나무 가지를 잘라 대문에 걸어놓으면
잡귀신이 들어오지 않는다는 말을
이주단지 마을 노인들이 들려주었다

잠이 오지 않는 밤, 문득 문득
그 엄나무가 떠오른다
시든 나무 틈서리에서 싱싱하던 그 엄나무
싱싱한 엄나무가 오히려 서글펐다

목 부 용

상록수역에서 걸어서
성호(星湖) 이익(李瀷) 선생 묘소를 지나
집으로 올 때
올해 장마는 좀 긴 편이다
습기가 낀
여름 오전 날씨는
옛날 같다
옛날, 내가 살아보지 않았던 옛날 같다
그 옛날에 나는 어느 여인을 알았다
분홍 모시로 적삼을 해 입은
슬픔이 스스로의 가슴을 적셔
바람 부는 쪽을 향해 서 있던 여인

어제 오후
집에서 걸어서
성호 이익 선생 묘소를 지나
상록수역으로 갈 때

장마비는 그쳤으나
습기는 여전한데
오늘은 그저 오늘 같으나
그 여인을 만났다
옛날,
내가 살아보지 않았던 옛날에 만났던 여인
그는 나보고 미소를 지었으나
나보고 말은 하지 않았다

선고상장(先考上狀)

아버님 선영에 가서

저에게는 아직도 세월이 아득하고
멀고도 길게만 여겨지더니
어느덧 아버님 기세하신 지
헤아려 7년 세월 잠깐입니다

아버님 젊으셔서 떠나신 고향
그토록 다시금 돌아오셔 사시고 싶어하시더니
고난의 세월 다 보내시고
돌아가신 다음에야
고향에 돌아오신 아버님

올해는 조부님 산소가 든
불거리산 앞을 가로질러
임하댐을 막아놓아
4백년 세월을 이고 있는
백운정 정자도
아랫도리가 젖습니다

아버님 자주 건너다니셨고
저도 자주 건너다녔던
뒷냇가 돌자갈밭에
가을 햇살이 비치고

비리실 앞으로 단풍이 들어
띄엄띄엄 푸른 솔이
찬 공기에 고적하게 돋아 있습니다

아버님 꿈꾸셨을 아름다운 한세상도
아득하고 멀고 먼 나날일런지
뒷내 건너 빤히 바라보이는
고향 마을에
집들이 왠지 쓸쓸하고

강변에 허연 억새가 덮여
깊은 가을 속

뒷내 언덕이 백발로 가득합니다

참, '개매이' 할매가 돌아가셨고
'구웅이' 아재가 사위를 봤습니다

음력 시월
가을 깊어 아버님 묻히신 산천으로
어린 새 한 마리 날아갑니다

저 새가 날아가는 산등성이로
가을에 피는 꽃들 자취 있으니
평생에 꽃들을 유독 아끼신
아버님 동무가 아닌가 싶어
늦가을 들꽃이 유정합니다

일년에 한차례나 와서 뵈옵고
온 듯이 발길 돌려 돌아가오니

긴 겨울 유택에 장설 쌓여도
홀로 계실 아버님

마가을 산천을 홀로 나는 저 새를
아버님도 오늘은 보고 계신지요?

제 3 부

야 방 고

야 방 고

페자재가 수북이 쌓였고
벽돌과 철근도 무더기로 널린 곳
짓는 중인 건물은 눈앞에 우뚝한데
그 건물 뒤켠 구석
또한 페자재로 지어놓은 야방고가 서 있다
콜타르를 칠한 널빤지로 지붕을 이어놓고
못 쓰는 합판으로 벽을 막아놓았다
경비하는 야방은 이미 깊이 잠들었다
삽과 곡괭이와 시멘트포대들
모래 자갈 목재들은 엉클어져 있고
땅을 파던 중장비도 침묵을 지킨다

건축의 밤은 고요하다
인적 끊긴 야방고 옆
100촉짜리 전구가 사방에 켜졌다
한낮의 소음도 가라앉아 적막하다
벽돌은 벽돌대로 중장비는 중장비대로

저렇듯 흐트러져서 아침을 맞으리라
다만 불 꺼진 야방고 안에
낮 동안의 고역에 깊이 잠든 사람이 있다
벽돌과 철근과 폐자재가 헝클어진
스산하기 짝이 없는 어수선한 풍경 속에
그가 끓여 먹는 석유곤로
그릇 몇개
제 가족 멀리 단칸방에 놓아두고
야방고에 홀로 잠든
저 사람 잠자리를 아는 이는 드물다

밤고양이

무덤과도 같은 적막을 담고
밤이 깊다
멀리 양회로 지은 집들이 빗겨 스치고
허공에 싸늘한 초승달이 떠 있다
나무도 그림자도 일렁이지 않는 밤
한 줄기 바람처럼
밤고양이들이 달린다
저들에겐 애초에 집이 없다
밤고양이들은 어디에도 머물지 않는다
들판은 파도처럼 주름져 이어지고
한 줄기 인광이 잔영으로 남는다
묻지 마라, 저들의 행로를
아침에 눈뜨는 당신은 모르리라
밤고양이들은 죽어서도 묻히지 않는다

솔 방 울

솔방울 솔방울
새카만 솔방울
리기다소나무에, 낙엽송에
말라 비틀어진 솔방울

다닥다닥 솔방울
조선 소나무에도 솔방울

시드는 소나무에
숨막히는 바람 불어
메마른 솔씨 하나 흘려놓으니
슬픈 산야가
그 솔씨 받아 안네

아!
적막한 이 산야에
저 솔방울과 그리고
나

야간근무자

벽에 붙은 계기판에
점멸등이 깜빡이고
사방은 흰 벽이다
밖은 밤비가 내린다
그는 빗소리를 못 듣는다
전화선은 아득히 심해로 뻗어 있고
새벽 두시에 짧은 전화가 걸려왔다
그는 그것을 꿈처럼 느낀다
머릿속이 백색이다
사방의 흰 벽과 비슷하다
가족…… 고속도로…… 집에서 키우던 강아지 한 마
리…… 어린 시절에 타고 놀던 자전거…… 풍선……
그 풍선은 빨갛다
그의 머릿속에 이런 생각이 스친다
그는 문득 인기척을 느낀다
옆 벽에 걸린 거울 속에
홀로 있는 자기 자신이 비친다

벽에 붙은 장치 위에
점멸등이 깜빡이고
새벽 세시에 짧은 전화가 걸려왔다
그의 머릿속으로 기차가 지나간다
흰 벌판으로 아득히 사라지는
아스라한 기차
그리고 기적소리가 귓전을 맴돈다

산업도로 3

수출입 화물을 실어 나르는 한 젊은이의 영혼을 위해

너는 심사숙고하지 않는다

너는 쉽사리 웃고, 쉽사리 화도 낸다

너는 어디서나

잠든다

너는 무엇이나

잘 먹는다

팔뚝에 새긴 문신자국

마주 오는 같은 차종의 운전사에게

너는 손을 흔들어 인사를 한다

운전대를 잡고 있는

다른 한손으로

유행가의 장단을 맞추고

너는 익숙하게 핸들을 꺾는다

신도시에 너의 주민등록이 없다

신도시의 방세는 너를 위해 비싸다

너는 누구와도 잘 사귀지만

특히 야구시합 이야기를 즐긴다

너의 아버지는 누구인가?
너의 아버지는 농부였는데
너도 모심기를 할 줄 안다
밤,
도시의 불빛을 뒤로 하고
차들은 끝없이 이어 달린다
도시에서 도시로
어둠이 휘감은 산굽이를 지나
어둠이 내려 깔린 들판을 지나
적막한 차들은 이어 달린다
끝없이 이어지는 차량등의 불빛은
잔영처럼 긴 꼬리를 남기고
너의 삶도 마치 저러하리라
눈감으면 보이는 아득한 터널
대뇌 속으로 풀리는 생의 끈
너는 때로 죽음도 생각한다
그러나 너는 죽음보다 희망을 더

많이 생각한다
너는 아버지의 삶을 이해하고 있는가?
너는 어머니의 삶을 이해하고 있는가?
너는 아버지의 고향을 잊었다
네 친구는 다섯 명
그 중에 한 사람은 전과자다
그 중 한 사람은
도시의 술집에서 밤일을 한다
너에게는
저금통장이 두 개지만
저금액은 많지 않다
남녘 사투리가 섞인 목소리
전자오락을 즐기고
누구에게나 머리 숙이기를 싫어하고
편지를 쓰기 싫어하지만
올해 들어 군에 간 동생에게
두 차례나 편지를 썼다

밤,
도시에서 도시로
어둠이 휘감은 산굽이를 돌아
어둠이 내려 깔린 들판을 지나
밤은 어둠 속에 길을 잇고
길은 어둠 속에 교차로가 없고
사람들은 저마다 외롭고
차들은 저마다 혼자 달린다

황지여인숙

흐린 30촉 전구가
입구에 켜져 있는
간판 흔들거리는 황지여인숙
늙은 여인숙집 주인여자가
연탄집게로 연탄불을 갈다가
문간으로 들어서는 손님을 받는다

나일론장판에
담뱃불자국이 까맣게 뚫려 있는
여덟 개의 방 중
여섯 개는 비어 있고
방은 두 칸만 찼는데

여인숙집 늙은 주인여자가
새로 들어온 손님에게
숙박비를 선금으로 받아
며느리에게 돈을 준다

낮손님 숙박비는 난봉꾼 아들이
뺏어 나갔고
며느리는 이제 동태라도 한 마리
사올 판이다

새로 온 손님은
석탄을 사러 온 사람들일까?
동태국으로 저녁을 해주면
밥값을 받을 것이다

난봉꾼 아들이 데리고 들어온
고향이 경상도라는 며느리가
슬리퍼를 끌고
문밖을 나선다

탄광이 하나 둘 문을 닫은 후

찾아드는 손님조차 발길이 뜸한
흐린 30촉 전구가
켜져 있는 황지여인숙
바람이 조금만 불어도 간판이 덜렁대는
황지여인숙

8월의 해안선

이종주, 이혼복 두 시인에게

8월의 태양 아래 바다에 나와
우리 눈부신 해안을 바라보자
바야흐로 검푸른 8월의 빛깔이여
눈앞 해안선에 경계를 이룬
숲은 바다와 일색을 이루었고
그 사이 띠를 이룬 흰 백사장에
저마다 화려한 조약돌처럼
수많은 인파가 모여 있는데
나도 오늘 저 푸른 8월의 빛깔을
마음속 하나 가득 담아두려니
어느날 우리에게 가을이 닥쳐
쓸쓸한 이파리 다 지는 날
나 오래 더불어 누리지 못한
저 눈부신 8월의 빛깔을
기억 속에 불러내어
쓸쓸히 추억하며 바라볼지니
생명이 있는 자의 축복과도 같은
8월의 찬란한 푸르름이여!

해안초소

갈대 바람에 서걱이고
폐염전 위로 조각달이 걸렸다
철조망 친 뻘밭, 어둠 짙은 한밤중
둔덕에 잡목들도 바람에 휩쓸린다
그 둔덕 외진 곳에
해안초소가 서 있다
철모를 쓴 군인 하나
어깨에 총을 메고 그림자로 서 있다
그 옛날 내 모습도 그림자에 겹쳐진다
탐조등은 뻘밭 너머로 어른댄다
밤중에도 새가 운다
위장망도 바람에 흔들린다
조각달은 경계병의 철모에도 어린다
암염빛 달빛이
교대하는 병사들 어깨 위에 내린다
병사들은 말이 없다
한 사람이 사라지고, 한 사람이 남는다

분단의 가을밤은 침묵 속에 적요하다
조각달이 구름 속에 가려졌다 드러나고
갈대는 다시 또 바람에 서걱인다
옛 기억도 갈대 되어 바람에 서걱인다

겨울 처녀들

태일정밀 기숙사 여공들에게

이제 문을 닫을 시간이다

눈이 내리는 계절이다

착하고 아름다운 처녀들이여

향기 어린 하늘을 만나기 위해

얼어붙은 겨울 속에

수놓은 듯 아름다운 꽃밭을 갖기 위해

꽃밭에는 눈부신 수국꽃이 피어나고

지혜의 나비떼가 날아오른다

눈 쌓이고 매운 바람 분다고 하지 마라

눈 속에 겨울 속에 소중한 뜨락은 탄생한다

등불을 켤 시간이다

착하고 어여쁜 처녀들이여

이제 네 손으로 문을 닫고

더 큰 문을 열 시간이다

바람 부는 문을 닫고 내면의 등을 켤 때

아름다운 세상을 지닐 시간이다

그대가 꿈꾸는 아름다운 세상

빛이 어둠 속에 피어난다
너는 이제 꽃이 피어나는 뜨락의 주인이다

밑 그 림

봉천동 산허리
슬레이트집에
남편은 집 짓는 데 막일을 갔다 오고
아내는 난전에서 푸새를 팔았다
늦저녁을 지어 먹고
단칸방에 앉아
아내는 불빛 아래 양말을 기우고
남편은 꽁초를 피워 물었다
"세월이 참 빨리 지나가지요.
서울 온 지 벌써 십오년이니……"
흐린 눈 가누어 실파람 꿰며
아내가 혼잣말로 말문을 열자
남편이 말없이 턱수염을 비빈다

그로부터 10년이 지나갔구나
봉천동 산허리 슬레이트집 자리에
거대한 재개발 아파트가 들어섰다

여기 살던 가족들 어디로 갔나
그 소식 아는 자 아무도 없고
재개발 아파트 낙성식 자리
둥그런 애드벌룬 높이 떴는데
서울 하늘은 황사로 흐려 있다

산재병원

이주단지 뒤
잡목림 사이에 자리잡은 산재병원
하얀 건물이 늘 회색으로 보였다
목발을 짚은 채, 구르는 의자에 앉은 채
햇볕 쪽에 모여 있는 환자들이 보인다
잡목림 오솔길로
인근 주민들이 약수통을 들고 가고
병원 머리 위로 우울한 구름이 깔렸다
일요일 오전인데 허술한 옷차림의 중년부부가
잡목림 사이에 하염없이 앉았다가
병원 담에 피어나는 개나리꽃을 바라보고
발치에 돋아나는 봄풀을 뜯었다
아마도 그들은 저 병원에 입원한
어느 환자의 가족일까?
거기서 바라보면 저 멀리 서해바다가 보이고
반월공단 굴뚝 위로 흰 연기도 보였다
돌아오며 보니까

그 부부가 없었다
말없이 담배를 피워 물던 그 남자
발치에 돋은 풀을 쥐어뜯던 그 아낙네
그 부부가 그 자리를 떠난 뒤에
병원 담의 개나리는 노랗게 피었지만
봄 되면 피어나는 그 개나리도 우울했다

설악이 금강에게

매운 바람 불고
골짝에 눈 쌓이고
바위 아래 고사목 가지 바람 눈에
부러져 누웠다
노루도 고라니도 먹을 것 찾아
낮은 산허리로 내려갔다
지금은 겨울
여기 설악
굽어보면
거기 눈앞에 금강 보인다
우리 사이 아득한 적막함이여
거기 그 산 아래에도 사람들 있고
여기 이 산 아래에도 사람들 있어
오늘은 새해
한해가 비롯되는 정초인데
내 등허리 타고 올라
사람들 소리치고, 숨 고르고 깊은 숨 들이킨다

그러나 이들
거기 눈앞, 북쪽 또한 눈 쌓인
금강 굽어보며
무슨 생각에 잠기리
짐승들도 못 간다
여기서 길은 막혀 철조망 쳐져
어디 못 가는 게 고라니 노루
토끼뿐인가
여기 설악 아래 사람 모여 사는 곳
속초 청호동 아바이 마을 사내들
두고 온 북녘 고향 가지 못해
늙어 머리 허옇다
허리 꼬부라졌다
하마 45년
동해바다 파도소리 고적하다
남북으로 오고 가지 못하는
어로한계선

오징어배 명태배

처량하다

멀리 한라, 백두산도 서글퍼

우리 외면한다

울릉도 독도도 서러워 눈 돌린다

여기 단풍 들어

온 설악 붉게 타면

거기 가을 풍악 일만이천봉

붉게 타오르고

거기 금강 선하골, 상팔담, 명경대계곡에 얼음 녹아
봄 되면

마타리, 금강초롱, 마가목 잎 피고

여기 귀때기청봉, 백담계곡, 토왕성폭포에도 얼음
녹아

솜다리, 주목, 곰취싹 돋아나고

거기 여름 봉래 집선봉, 천선대, 수정, 문수봉 녹음
깊어

푸른 향기 내뿜으면
여기 설악 대청, 소청, 한계령 머리 위에
푸른 구름 드리우고
겨울산이라 개골산
기기묘묘 만물상에 흰 눈 덮이면
여기 오색, 중청, 비룡폭포, 마등령 빙벽에도
얼음 덮이는데
아득하여라
하마 45년
여기 낙산사 앞바다 파도 출렁이는
거기 해금강 앞바다 파도 잔잔한
동해 푸른 물은
예나 이제나 변함없건만
저 바다 물결에도 그은 금 있다
우리 사이 땅에도 그은 금 있다
거기 총석정에서 보는 일출
여기 의상대에서 보는 일출

동해바다 뜨는 해 언제나 하나인데

짐승도 사람도

여기서 거기로

거기서 여기로

오가지 못한 세월

하마 오래이구나

적막하여라 !

여기 오늘 새해 정초 설악 아름답고

거기 금강 절경인들

적막하여라

그날 이후

피비린내 자욱하던

미친 그날 이후

강릉, 양양, 고성에서 장진, 통천으로

이어지지 못하는

동해 북부선

공현진 포구에서 40년을 홀로 살은 고향이 원산인

노인

　철조망 쳐진 바다 백사장 보며
　생사조차 모를 아내 그려보는데
　이 땅에 목숨 내린 남북형제들
　서로가 서로를 마음속 애타게 그려보는데
　우리
　백두대간 허리에서
　우뚝 솟아 지호지간 수려한 산이 되어
　수억만년 우리 마음 어디 서로 한시라도 갈라졌던가
　오늘 바람 분다
　싸늘한 바람 분다
　뼛골 쑤시는 바람 분다
　불어라, 불 테면 바람이여
　차라리 휴전선 분계선에 불어
　휩쓸어라. 철조망
　걷어가라. 분계선
　오늘은 겨울

한해가 비롯되는 정초인데
여기 이 산 아래에도 사람들 있어
내 산골짝 등허리 타고 올라
사람들 소리치고 숨 고르고 깊은 숨 들이킨다
그러나 이들
거기 눈앞 북쪽 또한 눈 쌓인
금강 굽어보며
무슨 생각 잠기리
거기 또한 사람 있어
오늘은 새해
금강 허리 위로 사람들 올라
거기 파도 출렁이는 동해를 보며
무슨 생각하리
아, 분단 45년
일제에 해방된 지 50년이 되는 오늘 아침
무슨 생각하리
무슨 생각하리, 금강이여

눈 쌓인

눈 쌓인 개골산이여 !

제 4 부

안산에서

행 려 인

아직 젊어 보이는 저 허름한 사내는
전에 마누라도 있었고 자식도 있었다
아직 젊어 보이는 저 허름한 사내는
전에 논밭도 있었고 집칸도 있었다
그러나 돌담과 흙과 모과나무가 있었던 그의 집터가
벽돌과 시멘트와 향나무가 심어진 집으로 바뀌고
고샅길이 포장된 길이 되고 구획정리가 되고
새로 지은 이층 주택에
녹색 철대문이 굳게 잠긴 뒤로는
그의 눈빛이 풀렸다
어깨도 처졌다
묻지 마라
아직 젊어 보이는 저 허름한 사내는
전에 가을걷이에 열심이던 농부였다
그러나 오늘은
옛날 그의 텃밭이 있던 곳에 들어선 상가 앞에서
행인들이 던져버린 꽁초를 주워들고

죄진 듯 흘금거리며 골목으로 사라진다
묻지 마라
아직 젊어 보이는 저 사내,
이곳 저곳 집 짓는 곳 기웃거리며
술 한잔 얻어먹는 눈이 풀린 저 사내는
길바닥에 넘어져 갈아붙인 피딱지가
얼굴에 말라붙은 주정뱅이 저 사내는
전에 봄이면 거름 내고
일년 내내 이곳에서 돼지와 닭도 치던 농부가 아니
던가 !

이주단지

신도시 후미진 곳에
감춰 있듯 먼저 지은 집들이 보인다
옛날 이곳에서 조상 대대로 농사를 짓던
'원주민'들이 아니던가
울긋불긋한 타일을 대문기둥에 붙여놓은 집 앞에서
상늙은이는 어디서 가꿨는지 들깨를 털고
직업이 없는 중늙은이는 할 일이 없는지
시답잖은 모습으로
대토받은 집 한 뼘 마당에
배추를 가꿔 붉은 비닐끈으로 포기를 오무려 맨다
'새아미'가 선부동으로 '안골'이 일동으로 바뀌고
곳곳에 번듯한 길이 나고
포장이 되어 차들이 오가지만
왠지 이곳은 스산하기만 한데
옛날 이곳에 살던 사람들은
나라에서 정해준 외진 곳에 집을 짓고
더러는 택시운전사가 되고, 더러는 철물점도 차렸다

오후인데 작은 트럭을 몰고
푸성귀를 팔러 온 도시 장수들의 마이크 소리가
골목으로 넘치니
옛부터 키웠던 누렁개가 문안에 묶여 컹컹 짖고
젊은 아낙이 파 두 단을
천원에 사들고 들어오는 모습을
들깨를 털던 노인이 말없이 바라본다

관 우 물

이목리 마을의 대동우물이었다
마을 머리에 있어서 관우물이라 불렀다
사시사철 우물벽에 파란 이끼가 끼고
퍼내어도 퍼내어도 처렁처렁 찬 우물물이 고였다
반월에 공단이 들어서면서
온 마을을 파헤치자 그 우물물도 메말랐다
그 우물 곁에 있던 돌배나무도 뽑혔다
공단에 공장이 자리잡고
높은 굴뚝으로 연기를 내뿜자
그 물 먹던 사람들도 어디론가 사라졌다
그로부터 4, 5년
이곳 저곳 흩어진 옛 마을 사람들이
어쩌다가 호적등본이라도 떼러 왔다가
온갖 오물 쓰레기 비닐봉지들이 가득찬
그 우물 자리를 들여다본다
그 옛날 아침으로 저녁으로
떠들썩 웃음과 인정을 퍼내던

그 우물 자리를
말없이 물끄러미 바라다본다

안산에서

토박이 장씨 노인은
성포리 태생인데
8년 전 안산에 공단이 생길 때
부치던 논밭을 다 잃었다
농사일로 등뼈가 굽은 장씨 노인은
잃은 땅 생각하며
여기저기 비어 있는 집 지을 터에
버리지 않았던 괭이를 가져와
배추밭을 가꾼다
바람이 스산한 늦가을 오후
터 박고 살던 곳 흔적 없고
8년 전 보상받은 돈푼으로
철물점을 차렸던 맏아들이
장사를 망치고 서울로 나갔다
산천에 잎이 지는 오늘 같은 날
옛 이웃이라도 찾아가고 싶건만
옛 이웃 살던 산업도로 저 너머

옛 마을 자취 간 곳 없고
갈 수 없는 산업도로
막막한 길에
차들만 씽씽 어지럽게 달린다

부 루 지

다리피 동쪽에 있던
옛날 마을 이름이다
해 뜨는 언덕바지에 위치해 있었고
마을 서쪽으로 월피천이 흘렀다
물은 풍부해 농경지도 비옥했고
해마다 풍년이 드니 부루지라 불렀다
또 마을 뒤쪽으로 산 하나가 있으니
소와 말이 볏단을 싣고 가는 형상이라
말미산이라고 불렀고
풍양 조씨, 파평 윤씨 60호 마을이
대대손손 풍족하게
유유적적 그 산을 끼고 살았다
84년에 신도시가 되어 폐동이 되니
인근에서 폐수가
월피천으로 흘러들고
말미산도 허리가 반쯤 잘려
원래 살던 사람들은 어디론가 떠나고

지금은 현대아파트, 선경아파트
가라오께집, 부원빌라
시온성교회가 들어서 있다

유 적 들

시화지구사업 때 없어졌다
'핑고구덩이'라고 부르던
그 유적들 없어졌다
너른 바다 서해에서
조기를 잡아
한양으로 올려 보내던 그 얼음 저장고
'사옹원 분원'이라고 불렸던
그 유적들 또한 없어졌다
없어진 것이 그뿐이던가
서해에서 들어오는 왜구를 막기 위해
조선조 때 지어놓은
봉화재산 '봉화대'도 다 밀려버렸다
성호동 '이익 선생 주거지'도 없어졌다
실학 학맥의 근조로서
다산, 순암, 청담 선생 등 후학을 길러내고
암울한 세상에서
올바른 학문의 근원을 밝혔던

그 성호 이익 선생 학문터도 없어졌다

그 모든 유적들 다 없애고

시화지구 반월공단이 생겼다

옛부터 사람들이

성호, 그 이익 선생의 고향을

오랫동안 '성호동'*이라고 불러왔는데

이제는 정부에서

행정편의주의인지 부르기 좋다고

그저, 일동, 이동이라고 바꿔 부르는

그 일동 550번지가

내 주소가 되었다

* 성호 이익 선생이 초야에 묻혀 학문을 탐구하던 곳. 오
   늘날 경기도 안산시 일동임.

원 곡 동

아들은 공단에서 일한다는데
늙은 노모는 공단이 싫다
흉작촌 고향에 빈 집을 두고
아들 따라 찾아온 서해바닷가 신도시에
하루 내내 꺼먼 연기는 왜 끼는지
며느리도 방세를 벌어본다고
아침이면 어디론가 일을 나가고
늙은 노모 혼자 집을 보는데
네살 난 손자놈은 어디 갔는지
평생을 농사일로 살았던 터라
밤이 되면 삭신은 쑤신다지만
아들 찾아 이곳에 살러 온 뒤로
낮에도 어찌하여 온몸이 쑤시는지
골목에서 소리 내어 손자를 부르다가
검은 연기 뒤덮이는 공단을 보면
가슴도 하늘처럼 어둡기만 하다

가사미산

풀들도 사람을 무서워한다
나무들도 돌멩이들도 사람을 무서워한다
소나무도 진달래도 사람을 보면 피한다
눈뜨고 봐도 새들은 없고
바위들도 흙들도 화해롭지 못하다
산정으로 올라와도 찻소리만 들리고
멀리 공단에서 검은 연기가 솟는다
들판에 산천에
거대한 양회집들이 들어선 뒤로
풀들도 나무들도 제 마음을 잃고
더이상 이파리를 기르지 못한다
노적을 쌓아둔 모습 같은 가사미산이었는데
사람들과 집들로 수척해져버렸다

고압선 철탑

산이 피흘린다

산이 신음한다

무쇠턱을 쳐들고 굴삭기가 길을 내어

철골을 싣고 와서 철탑을 세운 뒤

산등성이는 음산하여

구름마저 산허리에 쉬어 가지 않는다

전에는 산이

인간들의 주검을 받아들였고

산 사람들의 발걸음도 허락했는데

핵발전소에서 윙윙거리는 전류가 흐르면서

까치가 떨어져 죽고

나무들도 뿌리가 시들어

등산객도 발걸음을 끊었다

이곳 저곳 잡풀만 수북이 자라

망자를 안고 있는 옛 무덤도

고압선 철탑 아래 한숨을 쉰다

고향 안개

시월 시사를 지내려
아침에 내린 고향
낯선 곳에 온 듯 안개가 자욱하다
부조의 선영에 들어 벌초를 하고
성묘를 한 뒤에도 안개는 안 걷힌다
올해도 능금은 흉작이라 한다
가을이면 탐스럽던 고향의 능금밭들……
정오가 다 되어서야 시야가 트인다
강머리에 우람한 안동댐이 보인다
고향의 기후와 풍광을 바꾼 것이
바로 저 댐이다
아직도 거기에 물안개가 어려 있다
안개는 작년 다르고 올해가 다르다
고향은 점점 안개 속에 낯이 설다

반 변 천*

어려서 '뒷내'라고 부르던 반변천
그 맑고 청청하던 반변천이 물이 말라
건천으로 변했다
강변에 군데군데 돌무더기만 쌓여 있고
여기저기 녹황색 이끼가 낀
오폐수가 괴어 있다
저 산굽이 돌아가면
임하댐이 막혀 있다
그 옛날 안동포의 재료가 되던 삼농사와
무우, 수박 배추농사가 풍작을 이루던
앞구뎅이 비옥한 들판도
임하댐이 막힌 뒤로
박토로 변해간다
상류에서 흘러들던 유기물질이 차단된 탓이리라
저 임하댐 너머에는 또
청송감호소가 있다 한다
거기서 무작정 정화되지 않은 오폐수가

반변천으로 흘러든다

고향을 떠나서도

늘 마음속에 그립게 남아 있던 반변천은

이제 임하댐, 청송감호소가 생긴 뒤로

폐천으로 바뀌어간다

나는 일가 친척마저 수몰되어 떠나버린

고향 언덕에서

강바닥 같은 메마른 가슴으로

변하고 황폐화된

고향 산천을 우러른다

이제 고향에는 4백년 유교문화의 전통도 터전도

남지 않고

메마른 찬바람이 옷깃을 파고든다

* 반변천(半邊川)은 경북 청송에서 안동으로 흐르는 낙동
  강 원류임.

제 5 부

엄마, 바람 분다

사   랑

바다는 섬을 낳아 제 곁에 두고
파도와 바람에 맡겨 키우네

쇠무릎지기

억새풀도 다북쑥도 진득찰도 엉클어진
들판 산비탈에 보이누나
쇠무릎뼈가 보이누나
평생을 박토에 호미 박고 엎드려
허리 펴지 못하고 산 빈한(貧寒)이라면
어디 일년에 한번이라도 솟증을 면할 날이 있었더냐
어허! 병아리만 보아도 솟증이 난다는데
내 무릎뼈를 고아라
고아, 네 허리 팔다리 쑤시는 허기 면하라!
허기진 농투산이
산비탈 들판 허위적거리며 올라가는 날
내 여기 있으니
가시열매 저고리 바지에 붙어
모습 알려주는구나
—— 그렇지. 주지육림하는 자, 너를 보겠느냐
풀이여, 은혜여!
쇠무릎지기여!

엄마, 바람 분다

35,6도가 넘는 뜨거움이

한달이 넘게 이어진 올여름

집들이 답답하게 늘어선 서울 위성도시 어느

좁은 4미터 골목을 해 빠진 저녁 무렵 지나치는데

그 골목, 김밥, 떡볶이를 파는

거리로 접한 반지하 가게 앞

비닐장판을 깔아놓은 평상 위에 앉은

일곱살쯤 먹은 여자아이가

무더운 가게 안에서 막 떡볶이를 볶고 있는 제 어미를 향해

다급하게 소리친다

"엄마, 바람 분다!"

35,6도가 넘는 뜨거움이

한달이 넘게 이어진 올여름

남쪽 어디쯤에서 북상하는 그 무슨 태풍의

기척을 느꼈던 것일까?

그 골목을 지나치는 나 역시
무더움에 내 몸조차 주저앉을 듯한데
아! 얼마나 더웠을까
단칸방 가게 앞 평상에 나와 앉아
골목 나뭇잎을 스치던 바람 한점에
"엄마, 바람 분다!"

그 소리에 언뜻 나는 가던 길 멈추고
골목 하늘을 올려다보니
바람의 기척은 찾을 길 없고
뜨거운 노을만 밀려오는데
아, 그러나 무더위 속에서도 아랑곳하지 않고
제 자식을 키우며 열심히 살아가는
떡볶이집 여인의 하루의 삶과

좁은 가게 안 화덕불 앞에서
땀 흘려 일하는 제 어미의 고생을

일곱살 난 어린 딸도 헤아렸을 터인즉
오갈 데 없는 남루한 그 골목에
자식과 어미 간의 남모를 천륜이
또한 한 줄기의 청신한 바람이 되어
한 계절을 이겨내고
우리의 가슴속에 다가오고 있음이여!

답　신

건들바람 불고
한 줄기 저녁비가 내렸을 뿐이다
아직은 무더운 여름밤이다
흐릿하고 뿌우연 여름밤이다
낮 동안의 열기가 골목에 머물러
허파를 짓누른다
염통을 짓누른다
나도 당신도 잠들지 못한다
가족들은 아직 먼 길에 있다
등불조차 아직 켤 수 없다
열기를 품은 밤, 열에 들뜬 밤이다
검은 손이 심장을 움켜쥔다
한 줄기 저녁비가 내렸을 뿐이다
아직은 무더운 여름밤이다

너 속의 너

너 속에 너가 있다
너라고 부르면
너라고 하는 너
나 속에 내가 있다
나라고 불러보면
나라고 하는 나
거짓에 익숙한 혀는 어디 숨었나
분노에 눈감는 비겁은 어디 있나
아름다움은 차차 사라지고
너 속에 두려운 너가 숨었다
두려워하자
저 청징한 가을 하늘 아래
모든 아름다운 시듦 앞에
이제는 차차 드높아지는
가을의 맑은 햇살 앞에
일년의 씨를 영글게 하고
대지를 향해 고개 숙인

산등성이 이름 모를 풀포기 앞에
젊은날 꿈꾸었던 아름다운 순수 앞에
나 속에 두려운 내가 숨었다

가진에 와서

동해 북부선

동해 북부선에는

이제 옛이야기만 남아 있다

속초에서 간성으로, 간성에서 원산으로

푸르른 동해바다를 끼고 뻗어가던

동해 북부선에는

6·25사변으로 철길은 끊어지고

그 폐선로 연변에

해안초소들만 자리잡고 있지만

40년을 제 고향으로 오고 가지 못하는

남북 실향민들이

바닷가 연변에 옹기종기 모여 살고 있지만

동해 북부선에는

가령, 공현진에서 가진으로 통하는 그 어두컴컴한

철길 굴 속에

6·25적 어린 아들딸 자식들 생매장된 가슴 아픈 옛

이야기도

연변에 부서지는

흰 파도 포말에 하릴없이 잊혀지고
동해 북부선에는
속초에서 간성으로, 간성에서 원산으로
바다보다 더 싱싱하던 이곳 사람들의
웃음과 인정과 활기가 넘치던
동해 북부선에는
지금은 그렇게 오갈 수 없는 고향
그 아스라한 옛 기억들만
이제는 슬픈 한숨처럼
옛이야기가 되어 남아 있다

봄　날

저 부부
저 다가구주택 반지하 방 한 칸에
세들어 사는 젊은 부부
남편은 공단 어느 수출회사에서
밤 늦도록 야근을 하고
아내는 집에서 가내공업 부업도 마다하지 않는
젊은 저 부부
우리, 지난 겨울 문 닫고 살며
서로 얼굴조차 못 보고 살았는데
오늘은 날씨도 화창한
이른 봄날 일요일
저 부부 유모차에
지난 겨울 새로 태어난 아기 태우고
환하게 웃으며 골목길을 나선다
누가 우리의 봄을 암울하다고만 하는가?
저 환하게 웃는 젊은 부부를
반기기라도 하려는 듯

골목 울너머 개나리꽃도
환하게 오늘 꽃망울을 터뜨렸다

갈 옷

바람이 그리운 날, 돌이켜보자
그날 우리는 그 옷을 입었다
흙이 그리운 날, 되새겨보자
그날 우리는 그 옷을 입었다
바다 출렁이는 물결이 그리운 날
무명 삼베 베돌찌 터진 가슴에
바다에서 부는 바람 스며들었다
제주바다 태왁 띄워 물질하던 잠녀들아
한라산 중턱에서 소 먹이던 테우리야
세상살이 설움이야 끝이 없어도
찧어서 찧어서 풋감일랑 찧어서
감물 들여 흙빛 나는 새옷을 해입으니
바다도 들판도 동무였으니
전해주렴, 나에게도 푸른 바람 전해주렴
숨막히는 아스팔트 고속도로에
죽은 바람 불어오니 메마른 가슴
꽃 피어도 오늘은 나비조차 오지 않고

봄 되어도 풀잎 하나 돋지 않으니
바람아 남녘바다 바람아
내 마음속 누더기 걷어가 다오
나도 또한 푸르른 지평선에 서서
먹장구름 벗어지는 새 하늘 보고 싶다
나도 또한 푸르른 오름에 올라
먹장구름 벗어지는 새 하늘 보고 싶다

기억의 저편

반구대 암각화*에 부쳐

멀고도 아득한 시간이었네
기억조차 캄캄한 과거였어라
사슴이여 호랑이여 동무들이여
족제비와 도마뱀이 이웃이 되고
돌고래가 물개에게 바다를 나눠 주니
인간은 바다와 하나였었네
인간은 들판과 하나였었네
고래여, 물을 품고 헤엄치는 고래여
새끼를 등에 태워 젖을 주는 고래여
낮이면 해가 빛을 품었고
밤이면 바위들도 침묵했지만
물개와 도마뱀과 거북이 틈에
사람들은 더불어 땀을 흘렸고
바다와 들판에 함께 살았네
울타리가 있었다고 너는 묻는가
그물이 있었다고 물어보는가
족제비도 소도 울타리로 들어서고

울타리 안의 주인은 따로 없었네

고래여, 물개여 사슴들이여

대지의 고요를 아는 짐승이여

작살도 배도 밧줄도 있었지만

작살의 주인이 따로 있었으리

우리도 그날을 기억하리니

바위에 새겨진 만년의 시간이여

바위에 새겨진 우리들의 고향이여

오늘은 바다조차 메말라가고

들판에 풀잎마저 시들어가는데

우리는 너무 오래 주인이었네

우리가 죽인 바다 주인이었네

우리가 죽인 들판 주인이었네

우리는 너무 오래 피만 흘렸네

끝없이 끝없이 피만 흘렸네

* 반구대 암각화는 경남 울산의 태화강 상류에 있는 바위

위에 새겨진 신석기시대나 청동기시대로 추정되는 선사
시대 암각화임. 자연과 인간과 우주의 합일 속에 생산의
공동 참여와 분배의 공정이 이루어지는 원시적 합리성을
상징하는 그림들이 새겨져 있음.

낮은 곳을 향하는 시의 눈

정 호 승

  1985년 무렵, 명수 형과 같이 이육사(李陸史) 선생의 한 점 혈육인 이옥비 여사를 찾아간 적이 있다. 당시 명수 형은 창비아동문고로 출판할 이육사 전기를 쓰고 있었는데, 마침 형이 육사의 따님을 만나러 간다기에 나도 형을 따라나섰다. 이옥비 여사는 육사가 서울 문화촌에 살면서 본격적으로 시를 쓰던 서른여덟 때쯤 뒤늦게 얻은 딸로 강동구 길동에 있는 한 아파트에 살고 있었다.

  그날 그녀는 우리를 반갑게 맞아주었다. 둥근테 안경을 낀 젊은날의 육사 사진과 친필 시 등을 보여주었으며, 아버지 육사에 대해 기억하고 있는 단 하나의 장면을 약간 들뜬 목소리로 이야기해주었다.

  그것은 아버지 육사가 청량리역에서 일경들에게 온몸이 오랏줄에 꽁꽁 묶인 채 붙들려 가는 장면이었다. 당시 육사는 홀연 중국땅으로 건너가 자무쓰(佳木斯)라는 도시에 있는 일본 헌병대 막사를 폭파하고 서울로 돌아와 있다가 체포돼 북경으로 압송되던 참이었다. 그때 육사는 청량리역에서 어린 딸 옥비를 업고 울고 있는 아내를 보았는데

당시 옥비는 다섯살이었다.

"제가 아버지를 기억하는 것은 그것밖에 없어요. 그게 아버지를 기억하는 최초의 모습이자 최후의 모습이에요. 나중에 커서 안 일이지만, 아버지는 그때 북경으로 끌려가 모진 고문 끝에 해방되기 한 해 전 정월에 돌아가셨습니다."

이옥비 여사의 목소리는 맑았으나 착 가라앉아 있었다.

형과 나는 별반 말 없이 그녀의 이야기를 듣기만 했다. 나는 육사가 내 모교인 대구 대륜고등학교의 선배라는 사실을 생각하고 있었고(육사는 대륜고등학교의 전신인 교남학교를 다녔다), 형은 나라를 위해 목숨마저 초개같이 버린 육사의 생애에 대해 깊은 감동을 느끼는 듯했다.

그 감동 때문이었을까. 이옥비 여사의 집을 나서서도 우리는 별반 이야기를 나누지 않았다.

그리고 얼마쯤 지난 뒤였다. 나는 명수 형이 육사 전기를 어느정도 마무리했는지 궁금해서 전화를 걸었다. 명수 형은 육사 선생의 음우(陰佑)가 있어 20여일 만에 다 쓸 수 있었다고 하면서 얼핏 지나가는 말로 이런 말을 덧붙였다.

"정형, 이번에 육사 전기를 쓰면서 한 가지 깨달은 게 있어요. 그건 시인한테는 시도 중요하지만, 시인으로서 어떠한 삶을 살았느냐 하는 생애도 아주 중요하다는 점입니다. 우리도 이제 한 사람 시인으로서 어떻게 살아야 할 것인가 하는 문제를 보다 깊게 생각해야 할 때가 되었어요. 육사를 한번 보세요. 그의 시는 그의 삶에서 나왔어요. 아마 육사가 조국 광복을 위해 차가운 중국대륙에서 항일운동을 벌이지 않았다면 「광야」와 같은 시는 나오지 않았을

겁니다."

나는 그때 형의 말이 비수처럼 가슴에 날아와 박히는 것을 느낄 수 있었다. 시인에게 있어서는 시도 중요하지만 그 생애 또한 중요하다는 점은 내가 미처 생각하지 못한 부분이었다. 그때까지만 해도 나는, 시인은 시만 잘 쓰면 되지 어떻게 무엇을 하면서 사느냐 하는 문제에는 별다른 관심을 두지 않고 있었다. 삶이 뒷받침되지 않는 시란 없으며, 삶의 진실이 뒤따르지 않는 시란 공허하기 짝이 없는 것이라는 점을 나는 미처 모르고 있었다.

형의 그 말 이후 나는 비로소 한 사람 시인으로서의 삶의 방법 문제를 구체적으로 깊이 생각하게 되었다. 그리고 오랜 직장생활을 마감할 때에는 형의 그 말을 생각하고 큰 힘을 얻었다. 한 사람 시인으로서 어떠한 삶을 살았느냐 하는 문제는 어떠한 작품을 썼느냐 하는 문제보다도 더 중요한 일일 수밖에 없었다.

형은 지금 서울을 떠나 경기도 안산에 살고 있다. 가끔 하는 형과의 전화 통화도 꼭 형이 먼저 하곤 하는 일이 죄송스러워 나는 일부러 형을 찾았다. 형의 말대로 상록수역에 내려 택시를 타고 성호(星湖) 이익(李瀷) 선생 묘소 앞 주택가에 내리자 형이 미리 마중나와 있었다.

형은 언제 보아도 가형처럼 느껴진다. 눈빛이 따뜻하고 서글서글하다. 손짓 하나에도 겸손함이 배어나온다. 형은 내가 다섯살이나 아래인데도 내게 말 한번 제대로 놓지 않는다. 누구는 윗사람들이 말을 탁 놓지 않으면 마음에 거리가 생겨 쉽게 정이 일지 않는다고 하나 나는 그렇지 않다. 나는 그런 형이 늘 편안하다. 다른 사람들한테는 결코

드러내지 않는 속마음을 있는 그대로 다 드러내버린다.

 나는 형을 81년에 '반시(反詩)' 동인 활동을 하면서 만났다. 당시 형은 제4회 '오늘의 작가상'을 수상하면서 「북두칠성」 「단추」 「두더지의 앞발」 등의 역작들을 연달아 발표하고 있을 때였다. 형은 『샘터』 편집부에 근무하고 있던 내가 먼저 시 한 편을 청탁해 동대문 어느 다방에서 만났다고 하나 통 기억이 나지 않는다. '반시' 동인들은 대체로 성격이 얌전(?)해 동인들간에 특별히 기억할 만한 사건이나 에피소드가 거의 없는 편인데, 그래서 그런지 나는 형을 같은 동인으로 열심히 만나곤 했다는 기억밖에 없다.

 그래도 85년에 안기부에서 '반시' 동인에 대해 암암리에 조사를 하고 있다는 얘기가 들려왔을 때, 김창완 형과 명수 형이 우리가 쓴 시는 우리가 책임지자고 각오를 단단히 하던 일은 기억난다. 그리고 그해 12월말, 형이 『민중시』 2집에 「눈 치우기」라는 시를 발표했다가 반미의식을 고취했다는 이유로 태릉경찰서에 연행되었던 일도 기억난다. 그때 형은 형에 관해 조사한 서류가 한 박스나 되는 것을 보고 놀랐으며, 일개 정보과 형사들이 "그따위로 시를 쓰지 말라"고 거침없이 말하는 것을 보고 고소를 금치 못했다고 했다. 또 형이 민족문학작가회의 초대 사무국장을 하던 87년, '4·13 호헌조치 반대 문학인 성명서'에 형의 전화를 받고 서명자 명단에 넣어도 좋다고 했던 일도 기억나는 일 중의 하나다.

 형과 이야기를 하는 동안 형수님이 저녁상을 차려 왔다. 나는 쇠고기국에 밥 한 그릇을 맛있게 다 말아먹었다. 형수님은 언제 보아도 형의 그림자 같다. 바깥 나들이를 하는 형의 옆에 형수님의 모습이 보이지 않은 적이 거의 없다. 아마 지금까지 형이 쓴 시의 반은 형수님의 몫이리라.

나는 상을 물리고 나서 형에게 몇가지 질문을 해보았다. 예전에 잡지 기자 생활할 때의 취재 습관이 발동된 탓이다. 다음은 형의 말을 그대로 옮겨적은 것이다.

—— 형이 시를 쓰게 된 계기는?

"나는 집안이 빈한했던 탓으로 국비로 철도고등학교를 다녔다. 6·25 후 아버지가 진보적 입장이어서 열한 식구가 고향 안동을 떠나 제천에서 살게 되었으며, 어머니가 바느질품으로 5남 3녀를 키웠다. 나는 청년기에 감수성이 아주 예민했다. 철도고등학교에서 기차의 구조를 배우는 일이 적성에 맞지 않아 2학년 때는 부산으로 가출, 어느 절에서 불목하니 노릇을 하다가 돌아오기도 했다. 졸업 후에는 뾰족한 망치를 들고 기차 검수(檢修)하는 일이 하기 싫었다. 그렇지만 그때 충북선·함백선·중앙선을 타고 제천을 오가는 사람들의 가난한 삶을 깊숙이 들여다보게 되어, 비로소 혼자 책을 읽고 문학의 꿈을 키워나갔다."

—— 하필이면 왜 시를?

"아마 어릴 때의 체험 때문인 것 같다. 체험 중에서도 특히 상처가 된 체험이 나로 하여금 시를 쓰게 했다. 나는 그것을 '낙동강의 정서'라고 말하는데, 내 고향 마을에서는 삼농사가 아주 잘 되었다. 삼 껍질을 벗겨 삶아 베틀에 걸어 안동포(安東布)를 짜던 아낙네들은 늘 베틀노래 등의 민요를 불렀다. 아낙네들이 고향집 앞마당에 둘러앉아 삼을 삼을 때의 그 밤하늘 별자리와 반딧불 등을 나는 잊지 못한다. 또 그 아낙네들이 들려주던, 일제 때 고향에서 살지 못하고 북간도로 떠나간 사람들의 서러운 이야기도 잊지 못한다."

──만일 형이 시를 쓰지 않았다면 지금쯤은?

"어쩌면 축구선수나 암벽 등반가가 되었을지도 모른다."

──시는 지금 형에게 무엇이라고 말할 수 있나?

"나를 위안하는 그 무엇이다. 스스로 판단해서 그래도 좀 좋은 시를 썼다고 생각되면 한동안 마음이 훈훈해지는 것을 느낀다."

──그렇다면 형에게 있어 좋은 시란 무엇인가?

"글쎄…… 영원히 좋은 시를 쓸 수 없을 것 같다. 좋은 시란 좋은 삶을 사는 것과 같다. 좋은 삶 속에서 좋은 시가 나온다. 부끄러운 삶을 살면서 좋은 시를 기대할 수는 없다."

──형은 어떠한 시인이 되고 싶나?

"시인으로서 올바른 삶을 산 육사를 모범으로 삼고 싶다. 나는 육사와 동향인으로 육사를 자랑스럽게 여긴다. 육사 이후 안동지역에서는 우리 민족의 현실문제를 시의 기저로 삼는 이가 드물다."

──현재 시인으로서의 형의 삶을 이야기한다면?

"그동안 생활고 때문에 시에 전념하지 못했다. 생활에 시가 마멸되는 느낌이 들어 안타깝다. 새삼 김수영(金洙暎) 시인의 삶을 철저하게 되새겨본다. 시인이 생활로 떠나버린다면 좋은 시를 쓸 수 없다."

──시인은 부자가 될 수 없는가?

"될 수 있다. 시인의 재산은 풍경을 많이 갖는 것이다. 사람살이나 자연 등이 한데 이루어내는 풍경을 많이 갖는 것이 시인이 부자가 되는 길이다."

형은 내 질문에 조심스럽게 대답하면서 왜 그런 걸 자꾸 묻느냐고 겸연쩍어했다. 나는 형이 무슨 말을 가장 하고 싶은지 말하지 않아도 알 것 같았다.

　형의 이번 시집 『바다의 눈』은 『침엽수 지대』 이후 형의 다섯번째 시집으로 대부분 안산 성호동에 살면서 쓴 시들이다. 「안산에서」「묘지 옆으로 나는 길」「엄나무 생각」「목부용」「산업도로 3」「겨울 처녀들」「행려인」「산재병원」「이주단지」「가사미산」 등은 안산 풍정을 직접적인 시적 대상으로 삼고 있다. 「유적들」에서도 잘 드러나 있듯이 성호동은 성호 이익 선생의 아호에서 유래된 이름으로 안산이 신도시로 개발되면서 없어진 동네명이다. 형의 집에서 이익 선생의 묘소는 퍽 가까운 편인데, 형은 틈나는 대로 그곳을 산책한다. 한 시대의 정신적 지표인 이익 선생을 생각하면서 형은 늘 흩어지는 마음을 바로잡고 정신의 옷깃을 여민다.
　이번 시집에서도 세상과 인간을 바라보는 형의 눈길은 따뜻하다. 나는 형의 시집을 다 읽고 나서 커다랗고 따뜻한 손 하나를 떠올렸다. 고단한 삶을 사는 나를 어루만지고 위로해주는 손길이 느껴져서 마음이 지극히 평화로웠다. 그리고 또 하나, 촉촉하게 물기에 젖어 세상을 긍휼히 바라보는 거대한 하나의 눈동자도 떠올랐다. 나를 불쌍하게 여기는 한 절대자의 푸른 눈동자…… 나는 그 눈을 바라보면서 눈물이 글썽해졌다.
　형의 시는 읽으면 읽을수록 마치 폭풍이 지나간 밭뙈기에 쓰러져 있는 배추들을 일일이 일으켜 세우고 짚으로 동여매는 한 겸허한 인간의 모습을 보는 것 같다. 예전에도 그랬지만 형의 눈길은 여전히 낮은 곳을 향하고 있다. 「안산에서」는 안산에 공단이 생기면서 부치던 논밭을 다 잃은

토박이 장씨를, 「겨울 처녀들」에서는 낮에는 일하고 밤에는 흐린 불빛에 책을 읽는 여공들을, 「야방고」에서는 불 꺼진 야방고에서 홀로 잠든 노동자를, 「산업도로 3」에서는 화물차를 끌고 수인간 산업도로를 달리는 한 청년을, 「황지여인숙」에서는 폐광 경기에 허덕이는 늙은 주인여자를, 「해안초소」에서는 분단된 조국의 해안을 지키는 병사들을, 「밑그림」에서는 봉천동 달동네에 사는 한 부부를, 「산재병원」에서는 허술한 옷차림을 한 환자 가족 부부를 향하고 있다.

이렇듯 낮은 곳으로 향한 형의 눈길은 끝없다. 농촌이 개발되고 산업화로 치달으면서 농경문화가 박탈되고 인간성이 상실되는 것에 대해 형은 고뇌한다. 그리고 그 피해자들에 대해 애정어린 눈길을 보내고 감싸안는다. 시는 고단하고 비애적인 삶을 사는 자들의 것이라는 데에 형의 생각은 닿아 있다. 형은 그들을 통해 삶의 현실적 비극성을 노래하면서 동시에 순결성을 노래한다.

언젠가 형은 시가 슬프고 비장해서만 되겠느냐고 말한 적이 있다. 그것은 곧 시를 통해서 기쁨이 넘치는 아름다운 세상을 구현하고 싶다는 말일 것이다. 그러나 아무래도 형의 시가 출발하고 구현하고 있는 세계는 비애적 세계다. 형은 그 비애적 삶의 세계를 자연과 인간의 관계를 통해 고요로이 응시하고 있다.

그동안 형의 작품이 역사의식을 밑거름으로 한 시대적 발언이 많았다면, 이번 시집은 내면을 깊게 응시함으로써 인간의 본질적 문제를 추구하는 것과 동시에 우주적 정서에 대한 관심이 두드러진다. 그만큼 인간과 자연을 꿰뚫는 형의 응시력이 깊어진 탓이리라.

바다는 육지의 먼 산을 보지 않네
바다는 산 위의 흰 구름을 보지 않네
바다는 바다는, 바닷가 마을
10여 호 남짓한 포구 마을에
어린아이 등에 업은 젊은 아낙이
가을 햇살 아래 그물 기우고
그 마을 언덕바지 새 무덤 하나
들국화 피어 있는 그 무덤 보네
　　　　　　　　——「바다의 눈」 전문

　이 시의 화자는 의인화된 바다다. 바다는 자신의 눈으로
천상의 풍경보다는 지상의 풍경을 바라본다. 바다가 바라
보고 싶은 것은 천상이 아니라 인간들이 살고 있는 바닷가
마을이다. 시가 그 시를 쓴 이의 마음의 깊이를 살펴볼 수
있는 것이라면, 우리는 이 시에서 바다의 눈이 된 시인의
마음이 남편을 잃고 사는 한 젊은 아낙의 슬픔을 위로하고
자 하는 것을 발견할 수 있다.
　인간은 자연을 바라봄에 있어 자기 자신을 그 속에 투영
시킨다. 관찰의 대상이 되는 자연에도 인간 자신을 존재하
게 한다. 그리하여 그는 구름도 되고 산도 되고 바다도 된
다. 그러다가 어느 가을날 그는 바다가 되어 바다의 눈으
로 인간 세상을 바라본다. 아, 바다가 된 명수 형은 왜 육
지의 먼 산과 산 위의 구름보다 가난한 바닷가 마을의 풍
경을 보고 있는가. 적막한 가을 햇살 아래 어린아이를 업
은 채 죽은 남편을 그리워하면서 그물을 깁고 있는 젊은
아낙의 모습만 바라보는가.

　나는 이 시에서 시의 가장 평범한 신비, ‘시는 마음을
보는 것’이라는 사실을 통해 민중적 서정성의 극명함을 본
다. 이 시의 감동은 바로 여기에 있다.
　형은 원래 시의 완벽성을 추구하는 시인이다. 행과 행,
연과 연 구분의 필연성이 완벽하고 날카롭다. 이번 시집에
서도 그러한 점은 마찬가지다. 「바다의 눈」뿐만 아니라
「사랑」「새잎」「작은 공간」「이별」 등의 작품을 보면 군더
더기가 전혀 없다.

　　바닷가 고요한 백사장 위에

　　발자국 혼적 하나 남아 있었네

　　파도가 밀려와 그걸 지우네

　　발자국 혼적 어디로 갔나?

　　바다가 아늑히 품어주었네

──「발자국」 전문

　바닷가 백사장에 찍혔다가 파도에 휩쓸려 혼적없이 소멸
되는 발자국과도 같은 우리의 생명도 무한히 순환을 거듭
하는 바다, 그 자연의 질서에 의탁함으로써 위무받을 수
있다는 것을 일깨워주고 있는 이 시는 어디 한군데 손댈
데 없는 완결성을 보여준다. 마치 바다가 파도를 토해놓은
것처럼 시를 침묵으로 토해놓고 있다. 나는 침묵과 침묵으
로 노래하는 형에게서 시와 인생의 침묵을 배운다.

“시인은 삶도 중요해.”

“시는 좋은 삶을 살아야 나오는 건데, 나는 그렇지 못하고……”

형과 헤어지고 서울행 전철을 타고 있는데도 형의 말은 계속 들려왔다.

후　기

　서울에서 살다가 안산으로 내려온 지 어느새 4, 5년이 지
났다. 이사를 오던 해에 『침엽수지대』를 내고, 그후 발표
된 시들과 미발표시들을 모아 다섯번째 시집을 묶는다. 돌
이켜보니 그사이 내가 있어야 할 곳에 가 있지 못한 채 시
에 많은 성심을 기울이지 못했다. 묶어진 시들을 살펴보는
내 마음은 씨뿌릴 때 미처 씨를 뿌리지 못하고, 거름 줄
때 거름을 하지 않은 채 가을을 맞는 나농(懶農)한 농부처
럼 허전할 뿐이다. 삶이야 우리를 구속한다 치더라도 시를
구속하는 것은 없으련만 시의 전진은 참으로 요원하다. 그
런데도 불구하고 시집을 내는 것은 흉작의 계절에도 내 앞
에 놓여 있을 새봄을 다시 기다려보고 싶은 마음 때문일
것이다.

　기왕의 지면에 발표되었던 시들 중에 시집을 묶으며 다
시 고쳐본 시들이 더러 있다. 한번 발표된 시들을 마음대
로 고쳐도 되는지 망설임이 있었지만 어떤 시는 제목조차
바꾸기도 했다. 이 점 양해가 있으시길 바란다.

　발행사에 대한 고마움을 이루 다 표현할 길이 없다. 시
집이 나오기까지 도움을 주신 분들의 후은에 깊은 감사를
드린다.

1995년 늦가을

김　명　수

창비시선·136
바다의 눈　　　　　　　　　　　ⓒ 김명수 1995

1995년 10월 25일　초판 인쇄
1995년 10월 31일　초판 발행

지은이　김　　명　　수
펴낸이　김　　윤　　수
펴낸곳　(주)창작과비평사

120-070 서울 마포구 용강동 50-1
전화 718-0541·0542(영업)
718-0543·0544(편집)
716-7876·7877(독자관리)
FAX. 713-2403
지로번호 3002568
대체구좌 010041-31-0518274
등록 1986. 8. 5 제10-145호
조판 동국전산주식회사／인쇄 삼신문화사

ISBN 89-364-2136-0 03810　　　값 3,500원